FERNANDA MARIA ZICHIA ESCOBAR

DIREITO PENAL

Segundo definição do prof. José Frederico Marques, Direito Penal "é a reunião das normas jurídicas pelas quais o Estado proíbe determinadas condutas, sob ameaça de sanção penal, estabelecendo ainda os princípios gerais do direito e os pressupostos para a aplicação das penas e das medidas de segurança, disciplinando as relações jurídicas daí derivadas para estabelecer a aplicabilidade da pena e a tutela do direito de liberdade em face do poder de punir do Estado".

Princípios gerais do direito

Fundamentam-se em premissas éticas extraídas do material legislativo. Não existindo lei análoga, recorrer-se-á, então, às **fontes mediatas**, que são os princípios gerais do direito, os costumes, bem como a doutrina e a jurisprudência.

Alguns princípios gerais do direito são:

Princípio da insignificância – O Direito Penal não deve preocupar-se com bagatelas. Assim, os danos de pouca monta devem ser considerados como fatos atípicos – não havendo crime (ex.: furto de algo irrisório).

Princípio da alteridade – Proíbe a incriminação de atitude meramente subjetiva, que não ofende a nenhum bem jurídico (ex.: a autolesão não é crime, salvo quando houver intenção de fraudar o seguro, caso em que a instituição seguradora será vítima de estelionato).

Princípio da confiança – Consiste na realização da conduta de determinada forma, na confiança de que outro agente atuará de modo já esperado, isto é, de modo normal. Baseia-se na confiança de que o comportamento das outras pessoas se dará de acordo com o que normalmente acontece.

Divisão do Código Penal

a) **Parte geral** (arts. 1º a 120): prevê todas as leis não incriminadoras, que podem ser **explicativas** (**complementares** ou **finais**) – esclarecem o conteúdo de outras normas (ex.: art. 1º) – e **permissivas** – tornam lícitas determinadas condutas tipificadas em leis incriminadoras (ex.: legítima defesa).
b) **Parte especial** (arts. 121 a 361) – prevê todas as leis incriminadoras, que descrevem uma conduta e cominam penas.

PRINCÍPIOS

Princípio da legalidade e da anterioridade

É princípio básico do Direito Penal. "Não há crime sem lei anterior que o defina. Não há pena sem prévia cominação legal" (art. 5º, XXXIX, CF, e art. 1º, CP). Ou seja, a lei deve ser anterior ao fato praticado e não posterior a ele. Também é conhecido como **princípio da reserva legal**, pois diz que só a lei, em sentido formal, pode determinar o que é crime e indicar a pena cabível.

Princípio *in dubio pro reo*

Para alguns doutrinadores, só se aplica no campo da apreciação das provas, nunca para a interpretação da lei, mas, para a maioria, esgotadas todas as atividades interpretativas sem que se tenha conseguido extrair o significado da norma, a solução é dar a interpretação mais favorável ao acusado.

Princípio da irretroatividade

Segundo o art. 5º, inciso XL, da CF, "a lei penal não retroagirá, salvo para beneficiar o réu". Essa regra é um dos princípios maiores e mais importantes do estado de direito, pois proíbe que normas que regulam um fato criminoso sejam modificadas posteriormente em prejuízo da situação jurídica do agente.

APLICAÇÃO DA LEI PENAL

Vigência da lei penal

Assim como as demais leis, a lei penal começa a vigorar na data nela indicada ou, na omissão, 45 dias após sua publicação dentro do país e em três meses no exterior. Não se destinando à vigência temporária, a lei terá vigor até que outra a modifique ou revogue. Jamais um costume revoga a lei.

Lei penal no tempo

"**Art. 2º** – *Ninguém pode ser punido por fato que lei posterior deixa de considerar crime, cessando, em virtude dela, a execução e os efeitos penais da sentença condenatória.*

Parágrafo único – *A lei posterior, que de qualquer modo favorecer o agente, aplica-se aos fatos anteriores, ainda que decididos por sentença condenatória transitada em julgado.*"

Leis de vigência temporária (leis autorrevogáveis)

Diz o art. 3º: "*A lei excepcional ou temporária, embora decorrido o período de sua duração ou cessadas as circunstâncias que a determinam, aplica-se ao fato praticado durante a sua vigência*". Podem ser:

a) **excepcionais:** feitas para vigorar em períodos anormais, como guerra, calamidade, etc.; sua duração coincide com a do período;
b) **temporárias:** feitas para vigorar em um período prefixado pelo legislador; traz em seu bojo a data de cessação de sua vigência.

Tempo do crime

O CP adotou a teoria da atividade. "Considera-se praticado o crime no momento da ação ou omissão, ainda que seja outro o momento do resultado" (art. 4º).

Lugar do crime

O CP seguiu a teoria da ubiquidade ou mista. "Considera-se praticado o crime no lugar em que ocorreu a ação ou omissão, no todo ou em parte, bem como onde se produziu ou deveria produzir o resultado" (art. 6º).

Territorialidade da lei penal brasileira

O princípio adotado pelo art. 5º é o da **territorialidade temperada**: "*Aplica-se a lei brasileira, sem prejuízo de convenções, tratados e regras de Direito Internacional, ao crime cometido no território nacional*".

Para os efeitos penais, consideram-se como extensão do território nacional as embarcações e aeronaves brasileiras, de natureza pública ou a serviço do governo brasileiro, onde quer que se encontrem, bem como as aeronaves e embarcações brasileiras, mercantes ou de propriedade privada, que se achem, respectivamente, no espaço aéreo correspondente ou em alto-mar.

Aplica-se também a lei brasileira aos crimes praticados a bordo de aeronaves ou embarcações estrangeiras em voo no espaço aéreo nacional ou em pouso no território brasileiro, em porto ou mar territorial do Brasil.

Extraterritorialidade da lei penal brasileira

É a possibilidade de aplicação da lei penal brasileira a fatos criminosos ocorridos no exterior.

Este artigo prevê as exceções ao art. 5º, aplicando-se os princípios da nacionalidade ativa, da nacionalidade passiva, da defesa real, da justiça universal e da representação.

"**Art. 7º** – *Ficam sujeitos à lei brasileira, embora cometidos no estrangeiro:*

I – os crimes:

a) contra a vida ou a liberdade do presidente da República;
b) contra o patrimônio ou a fé pública da União, do Distrito Federal, de Estado, de Território, de Município, de empresa pública, sociedade de economia mista, autarquia ou fundação instituída pelo Poder Público;
c) contra a administração pública, por quem está a seu serviço;
d) de genocídio, quando o agente for brasileiro ou domiciliado no Brasil;

II – os crimes:

a) que, por tratado ou convenção, o Brasil se obrigou a reprimir;
b) praticados por brasileiro;
c) praticados em aeronaves ou embarcações brasileiras, mercantes ou de propriedade privada, quando em território estrangeiro e aí não sejam julgados.

§ 1º. Nos casos do inciso I, o agente é punido segundo a lei brasileira, ainda que absolvido ou condenado no estrangeiro.

§ 2º. Nos casos do inciso II, a aplicação da lei brasileira depende do concurso das seguintes condições:

a) entrar o agente no território nacional;
b) ser o fato punível também no país em que foi praticado;
c) estar o crime incluído entre aqueles pelos quais a lei brasileira autoriza a extradição;
d) não ter sido o agente absolvido no estrangeiro ou não ter aí cumprido a pena;
e) não ter sido o agente perdoado no estrangeiro ou, por outro motivo, não estar extinta a punibilidade, segundo a lei mais favorável.

§ 3º. A lei brasileira aplica-se também ao crime cometido por estrangeiro contra brasileiro fora do Brasil, se, reunidas as condições previstas no parágrafo anterior:

a) não foi pedida ou foi negada a extradição;
b) houve requisição do ministro da Justiça."

Pena cumprida no estrangeiro

"**Art. 8º** – *A pena cumprida no estrangeiro atenua a pena imposta no Brasil pelo mesmo crime, quando diversas, ou nela é computada, quando idênticas.*"

Se a pena no estrangeiro for mais severa, nada lhe restará a cumprir, mas, se as penas impostas forem diferentes, a pena imposta no estrangeiro atenua a que deve ser cumprida no Brasil, a critério do juiz, uma vez que a lei não prevê critérios para a atenuação prevista neste artigo.

Eficácia da sentença estrangeira

"**Art. 9º** – *A sentença estrangeira, quando a aplicação da lei brasileira produz na espécie as mesmas consequências, pode ser homologada no Brasil para:*

I – obrigar o condenado à reparação do dano, a restituições e a outros efeitos civis;

II – sujeitá-lo a medida de segurança.

Parágrafo único – *A homologação depende:*

a) para os efeitos previstos no inciso I, de pedido da parte interessada;
b) para os outros efeitos, da existência de tratado de extradição com o país de cuja autoridade judiciária emanou a sentença, ou, na falta de tratado, de requisição do ministro da Justiça."

Para que a sentença estrangeira possa produzir determinados efeitos no Brasil, esta deverá ser homologada pelo Superior Tribunal de Justiça (STJ); a execução de pena é um ato de soberania.

Contagem de prazos

No Direito Penal, o dia do começo inclui-se no cômputo do prazo. Contam-se os dias, os meses e os anos pelo calendário comum (art. 10). Portanto, inclui-se o primeiro dia e exclui-se o último.

Frações não computáveis da pena – Com relação às penas privativas de liberdade e às restritivas de direitos (art. 11), deverá o juiz desprezar as frações de dias. Nos casos de pena de multa, deverão ser desprezadas as frações de real.

INFRAÇÕES PENAIS

O Direito Penal é um ramo do Direito Público que define as infrações penais, estabelecendo as penas e as medidas de segurança. As infrações penais dividem-se em crimes ou delitos e contravenções. As contravenções são infrações penais de menor porte elencadas na Lei das Contravenções Penais, conhecidas como "crimes anões".

CRIME/DELITO

Segundo a teoria finalista da ação, adotada após a reforma do Código Penal em 1984, crime é fato típico e antijurídico (ou ilícito). A culpabilidade é tão somente pressuposto para a aplicação da pena.

Elementos do fato típico

1. Conduta dolosa ou culposa.
2. Resultado (só nos crimes materiais).
3. Nexo causal (só nos crimes materiais).
4. Tipicidade.

1. Conduta

É todo comportamento humano, consciente e voluntário, comissivo ou omissivo, doloso ou culposo, tendente a um fim. Situações oriundas de fatos naturais não constituem conduta, e animais irracionais não as realizam.

Crimes comissivos e omissivos

As condutas podem ser praticadas por ação ou por omissão. Os **crimes comissivos** consistem em uma ação positiva (fazer) e os **crimes omissivos** consistem na abstenção da ação devida (não fazer). Os crimes omissivos dividem-se em:

a) **próprios** (**omissivos puros**): são crimes de mera conduta, ou de simples atividade, punindo a lei a simples omissão, independentemente de qualquer resultado; podem ser imputados a qualquer pessoa;
b) **comissivos por omissão** (**omissivos impróprios**): são crimes de resultado e só podem ser praticados por pessoas que, por lei, têm o dever de impedir o resultado e a obrigação de proteção e vigilância em relação a alguém.

Sujeito ativo da conduta típica

É a pessoa humana que pratica a figura típica descrita na lei, isolada ou conjuntamente com outros autores. Para alguns doutrinadores, como o prof. Fernando Capez, a pessoa jurídica pode ser sujeito ativo de crime. Em face da edição da Lei 9.605/98, hoje em dia, a possibilidade de a pessoa jurídica ser penalmente **responsabilizada** por crimes contra o meio ambiente é indiscutível na jurisprudência.

Para que alguém possa ser responsabilizado criminalmente por um evento, é preciso que tenha agido (ou se omitido) com dolo ou, no mínimo, com culpa. É absolutamente vedada em nosso Direito Penal a responsabilidade objetiva, ou seja, aquela para a qual basta o nexo causal, independentemente de dolo ou culpa.

Dolo

É a vontade e a consciência de realizar os elementos constantes do tipo legal. Mais amplamente, é a vontade manifestada pela pessoa de realizar a conduta.

Espécies

a) **Dolo direto ou determinado:** aquele em que o agente quer o resultado.
b) **Dolo indireto ou indeterminado:** aquele em que a vontade do agente não é exatamente definida. Pode ser:
   - **alternativo:** aquele em que o objeto da ação se divide entre dois ou mais resultados (ex.: matar ou ferir – para o agente, tanto faz a produção de um ou outro resultado).
   - **eventual:** quando o agente não deseja diretamente o resultado, mas assume o risco de produzi-lo (ex.: a pessoa que, sabendo-se portadora de doença sexualmente transmissível, mantém relações sexuais com outra).

Culpa

Consiste na prática não intencional do delito, faltando o agente a um dever de atenção e cuidado. Na culpa há a não observância do dever de cuidado pelo sujeito, causando o resultado e tornando punível seu comportamento. Em regra, as condutas são punidas a título de dolo. Isso porque a finalidade da legislação penal é, em primeiro lugar, coibir a própria intenção criminosa. Só existirá crime culposo quando for expressamente previsto na legislação. Não há compensação de culpas no Direito Penal.

Modalidades

a) **Negligência:** é a falta de atenção devida, a displicência, o relaxamento (ex.: não observar a rua ao dirigir carro).
b) **Imprudência:** é a conduta precipitada, a criação desnecessária de um perigo (ex.: dirigir carro em excesso de velocidade).
c) **Imperícia:** é a falta de habilidade técnica para certas atividades (ex.: não saber dirigir carro).

Espécies

a) **Culpa inconsciente:** é a comum, nas modalidades de negligência, imprudência e imperícia. O fato era previsível, mas o agente não o previu, por falta da atenção devida.
b) **Culpa consciente:** é uma forma excepcional de culpa, cujo agente prevê o resultado, mas acredita que ele não ocorrerá, por confiar erradamente em sua perícia ou nas circunstâncias. Difere do dolo eventual, porque neste o agente prevê o resultado, mas não se importa que ele ocorra; na culpa consciente, embora prevendo o que possa vir a acontecer, o agente repudia essa possibilidade.

Preterdolo

No crime preterdoloso, há dolo no antecedente e culpa no consequente. O agente tem sua intenção voltada para a produção de determinado resultado, mas, por culpa, acaba ocasionando outro, mais grave (ex.: lesão corporal seguida de morte).

2. Resultado

Para que exista o crime e, portanto, possa haver imposição da pena, é preciso que haja resultado normativo, ou seja, todos os crimes provocam uma modificação no mundo do direito, dado que ferem a ordem jurídica e fazem nascer para o Estado o *jus puniendi* em concreto.

Entretanto, no tocante à existência de resultado naturalístico (modificação no mundo fático), os delitos dividem-se em três categorias:

a) **Crime material** – Para que ocorra a consumação, é preciso, além da ação do agente, a ocorrência do resultado. A não ocorrência do resultado é punida a título de tentativa.
b) **Crime formal (ou de consumação antecipada)** – O tipo também descreve um resultado, porém este não precisa ocorrer efetivamente para que se caracterize a consumação, bastando a ação do agente e sua vontade de alcançar o resultado (ex.: extorsão mediante sequestro que se consuma com o arrebatamento da vítima).
c) **Crime de mera conduta (ou puramente formal)** – O tipo não descreve nenhum resultado natural da ação. A consumação se dá com a simples ação ou omissão (ex.: ato obsceno, violação de domicílio).

3. Nexo causal

O terceiro elemento do fato típico, nexo de causalidade, é o elo físico (material, natural) que se estabelece entre a conduta do agente e o resultado naturalístico. O CP (art. 13) adotou a teoria da equivalência dos antecedentes, conhecida como teoria da *conditio sine qua non*, segundo a qual **causa** é toda ação ou omissão anterior sem a qual o resultado não teria ocorrido. Aplica-se, para que se revele a causa de determinado evento, o processo hipotético de eliminação, por meio do qual se suprime mentalmente uma a uma as situações, sendo, então, possível verificar aquela sem a qual não eclodiria o evento.

Espécies de causa

a) **Dependente:** originando-se da conduta, insere-se na linha normal de desdobramento causal da conduta.
b) **Independente:** é toda condição que atua paralelamente à conduta, interferindo no processo causal. O surgimento do resultado não é uma decorrência esperada, lógica, natural do fato anterior, mas um fenômeno imprevisível.
   Pode ser:
   - **absolutamente independente:** tem origem completamente diversa da conduta. Rompe totalmente o nexo causal e o agente só responde pelos atos até então praticados.
   - **relativamente independente:** encontra sua origem na própria conduta e produz por si só o resultado, não se situando na linha de desdobramento causal da conduta. Nenhuma causa relativamente independente tem o condão de romper o nexo causal.

4. Tipicidade

É a adequação entre o fato concreto e a norma jurídica. Só será responsabilizado criminalmente aquele que praticar fato descrito em lei penal incriminadora.

CONSUMAÇÃO E TENTATIVA

Trajetória do crime (*iter criminis* = etapas do crime)

Identificam-se as seguintes fases:

a) cogitação do crime – não se pune;
b) atos preparatórios – não se pune;
c) execução – interrompida nessa fase, pune-se a tentativa;
d) consumação do crime.

A execução se inicia com o primeiro movimento que concretize a realização da ação descrita no tipo. A punição ocorre somente nas fases de execução e consumação. Na execução, o bem jurídico começa a ser atacado. O agente inicia a realização do núcleo do tipo e o crime já se torna punível. Na consumação, todos os elementos que se encontram descritos no tipo penal foram realizados.

Consumação

Crime consumado é aquele em que se reúnem todos os elementos de sua definição legal (art. 14, I). Nos crimes materiais, a consumação se dá com a ocorrência do resultado descrito no tipo; admite-se a tentativa. Nos crimes formais e de mera conduta, a consumação se dá com a prática da ação proibida. Nos crimes permanentes, a consumação se prolonga no tempo, até que o agente resolva interrompê-la; o agente encontra-se em permanente estado de flagrância.

Tentativa

Diz-se o **crime tentado** quando, iniciada a execução, não se consuma por circunstâncias alheias à vontade do agente. Salvo disposição em contrário, pune-se a tentativa com a pena correspondente ao crime consumado, diminuída de um a dois terços (art. 14, II e parágrafo único).

Não há tentativa nos crimes culposos, nos de mera conduta, nos omissivos próprios e nos preterdolosos. Não é punível a tentativa de contravenção (art. 4º, LCP).

Espécies

a) **Tentativa perfeita** ou **acabada** (ou **crime falho** ou **frustrado**): o agente consegue praticar todos os atos necessários à consumação, embora esta acabe não ocorrendo.
b) **Tentativa imperfeita** ou **inacabada**: a ação do agente é interrompida no meio do caminho. O agente não chega a esgotar sua capacidade ofensiva contra o bem jurídico visado.

Desistência voluntária e arrependimento eficaz

São espécies de tentativa abandonada.

Desistência voluntária – O agente voluntariamente interrompe a execução do crime, impedindo sua consumação (art. 15). A lei quer, com tal medida, estimular o agente a retroceder. Não é possível nos crimes de mera conduta, em que a execução é a própria consumação.

Arrependimento eficaz – O agente termina todo o processo de execução, porém evita a consumação.

Nos dois casos o agente só responde pelos atos até então praticados.

Arrependimento posterior

Ocorre nos crimes cometidos sem violência ou grave ameaça à pessoa, em que o agente, **voluntariamente**, repara o dano ou restitui a coisa até o recebimento da denúncia ou queixa. A pena será reduzida de um a dois terços (art. 16). Tratando-se de causa objetiva de diminuição de pena, o arrependimento posterior não se restringe à esfera pessoal de quem o realiza, estendendo-se aos coautores e partícipes condenados pelo mesmo fato.

Crime impossível (art. 17, CP)

Pode ocorrer por:

a) **Ineficácia absoluta do meio:** o meio empregado ou instrumento utilizado para a execução do crime jamais levará à consumação (ex.: usar um palito de dentes para matar um adulto).
b) **Impropriedade absoluta do objeto:** a pessoa ou coisa sobre a qual recai a conduta é absolutamente inidônea à produção de algum resultado lesivo (ex.: matar cadáver, ingerir substância abortiva imaginando-se grávida).

ERRO SOBRE ELEMENTOS DO TIPO

"O erro sobre elemento constitutivo do tipo legal de crime exclui o dolo, mas permite a punição por crime culposo, se previsto em lei" (art. 20). Tal erro pode referir-se a uma situação de fato (ex.: atirar em uma pessoa pensando tratar-se de uma estátua de cera).

Descriminantes putativas

"É isento de pena quem, por erro plenamente justificado pelas circunstâncias, supõe situação de fato que, se existisse, tornaria a ação legítima." Trata-se do erro de tipo inevitável (invencível ou escusável) e, sendo assim, exclui a punição por dolo ou por culpa. O fato, portanto, é atípico.

A remição será declarada pelo juiz da execução, ouvido o representante do Ministério Público, e a defesa (art. 126, § 8.º). Em caso de falta grave, o juiz poderá revogar até 1/3 (um terço) do tempo remido, recomeçando a contagem a partir da data da infração disciplinar (art. 127, LEP). A antiga redação deste artigo impunha a perda total dos dias remidos.

Ao final do curso, o preso terá direito ao acréscimo de um terço nos dias a serem remidos, exceto nos níveis profissionalizante e de requalificação profissional (e desde que certificada pelo órgão competente de educação) (art. 126, § 5.º , LEP). O tempo remido (pelo trabalho ou pelo estudo) é computado como pena efetiva (pena cumprida). Se o preso já cumpriu um ano de prisão e já conseguiu, por exemplo, um mês de remição, para efeitos jurídicos ele já cumpriu um ano e um mês de pena. Os benefícios penais devem ser calculados seguindo essa regra. Trata-se de superveniência de norma mais benéfica que, obrigatoriamente, deverá retroagir para beneficiar os sancionados nessas condições.

Detração penal

Trata-se do desconto, efetuado na contagem do cumprimento de pena privativa de liberdade ou de medida de segurança, do tempo anterior de prisão provisória, da prisão administrativa e de internação em hospital de custódia e tratamento psiquiátrico, cumpridos no Brasil ou no estrangeiro (art. 42). São provisórias: a prisão em flagrante, a prisão temporária e a prisão preventiva.

A Lei 12.736/12 impõe ao juiz que proferir sentença condenatória operar a detração para fixação do regime inicial de cumprimento da pena. Portanto, cabe ao **julgador** (juiz singular ou órgão colegiado) que impuser a reprimenda subtrair da pena aplicada o tempo referente ao período em que o réu permaneceu segregado antes da decisão de mérito do caso penal. É o que dispõe o art. 387, § 2.º, CPP.

2. Penas restritivas de direitos

Diz o artigo 44 do CP que as penas restritivas de direitos **são autônomas**, isto é, não são cumulativas com a prisão, e, em certos casos, **substituem as privativas de liberdade**, passando a ocupar, quando aplicadas, o lugar da pena de prisão, que desaparece. Deve haver, portanto, uma troca.

A substituição se dá:

a) quando for aplicada pena privativa de liberdade **não superior a quatro anos** e o crime não for cometido com violência ou grave ameaça à pessoa ou, qualquer que seja a pena aplicada, se o crime for culposo;

b) quando o réu não for reincidente em crime doloso;

c) quando a culpabilidade, os antecedentes, a conduta social e a personalidade do condenado e os motivos e as circunstâncias indicarem que a substituição é suficiente.

Compreendem:

a) **Prestação pecuniária**
Pagamento em dinheiro à vítima, a seus dependentes ou a entidade pública ou privada com destinação social (art. 45, § 1º).

b) **Perda de bens e valores**
A perda se dará em favor do Fundo Penitenciário Nacional, ressalvada a legislação especial (art. 45, § 3º).

c) **Prestação de serviços à comunidade ou a entidades públicas**
Será aplicada se a pena privativa de liberdade proferida na sentença for maior de seis meses (art. 46). Consiste na atribuição de tarefas ao condenado em entidades assistenciais, hospitais, escolas, orfanatos e outros estabelecimentos. São tarefas gratuitas atribuídas conforme aptidão do condenado.

d) **Interdição temporária de direitos**
Pode ser a proibição do exercício de cargo, do exercício de profissão, de frequentar determinados lugares ou a suspensão de habilitação para dirigir veículos.

e) **Limitação de finais de semana**
Consiste na obrigação de permanecer, aos sábados e domingos, por cinco horas diárias, em casa de albergado ou outro estabelecimento adequado, onde poderão ser ministrados ao condenado cursos ou palestras ou atribuídas atividades educativas.

3. Pena de multa

A multa penal pode ser cominada como pena única, como pena cumulativa (e multa), como pena alternativa (ou multa) e também em caráter substitutivo.

O valor arrecadado com a multa será revertido em favor do Fundo Penitenciário. Hoje, é proibida a conversão da pena de multa em prisão (art. 51) na hipótese de o condenado solvente deixar de pagá-la. Transitada em julgado a sentença condenatória, a multa será executada perante o juiz da execução penal e será considerada dívida de valor, aplicáveis as normas relativas à dívida ativa da Fazenda Pública, inclusive no que concerne às causas interruptivas e suspensivas da prescrição (Lei 13.964/19).

DIREITOS DO PRESO

O preso conserva todos os direitos não atingidos pela condenação (art. 38). A LEP (art. 3º) assegura ao condenado todas as condições para a harmônica integração social, por meio de sua reeducação e da preservação de sua dignidade.

MEDIDAS DE SEGURANÇA

São sanções penais à semelhança das penas (art. 96 a 99) e diferem destas por sua natureza e fundamento. Enquanto as penas têm caráter retributivo-preventivo e se baseiam na culpabilidade, as medidas de segurança têm natureza só preventiva e se fundamentam na periculosidade do indivíduo. Nosso Código Penal adotou o sistema vicariante, sendo impossível a aplicação cumulativa de pena e medida de segurança.

Características

a) são indeterminadas no tempo, só findando ao cessar a periculosidade, por meio de perícia médica;

b) não são aplicáveis aos agentes plenamente imputáveis, mas apenas aos inimputáveis e aos semi-imputáveis.

Requisitos para a aplicação

É necessária a coexistência de dois requisitos:

1. prática de fato típico punível;
2. periculosidade.

Espécies

a) **Internação:** consiste na internação em hospital de custódia e tratamento psiquiátrico ou, à falta dele, em outro estabelecimento adequado. Em geral, aplica-se aos crimes apenados com reclusão.

b) **Tratamento ambulatorial:** consiste na sujeição a tratamento ambulatorial, pelo qual são dados cuidados médicos à pessoa submetida a tratamento, mas sem internação. Em regra, aplica-se aos crimes apenados com detenção.

Conversão da pena em medida de segurança

É possível quando no curso da execução da pena privativa de liberdade sobrevenha doença mental ou perturbação da saúde mental do condenado.

Aplicação da Pena

O Código Penal, em seu art. 68, adotou o sistema trifásico de cálculo de pena, ou seja, o processo individualizador da pena desdobra-se em três etapas: 1) o juiz fixa a pena de acordo com as circunstâncias judiciais (art. 59) – circunstâncias inominadas; 2) o juiz leva em conta as circunstâncias agravantes e atenuantes legais; 3) o juiz leva em conta as causas de aumento ou de diminuição de pena.

REINCIDÊNCIA

Quando o agente comete novo crime depois de transitar em julgado a sentença que, no país ou no estrangeiro, o tenha condenado por crime anterior (art. 63), ocorre a reincidência.

É necessário, para o reconhecimento da reincidência, que novo crime seja praticado após sentença condenatória transitada em julgado por crime anterior.

CONCURSO DE CRIMES

Ocorrência de dois ou mais delitos, por meio da prática de uma ou mais ações. Compreende:

Concurso material

Ocorre quando o agente, mediante mais de uma ação ou omissão, pratica dois ou mais crimes, idênticos (homogêneos) ou não (heterogêneos). Nesse caso, as penas referentes a cada crime são somadas.

Concurso formal

Ocorre quando o agente, mediante uma só ação ou omissão, pratica dois ou mais crimes, idênticos ou não. A pena aplicável será a mais grave se diversos, ou, se iguais, somente uma delas, mas aumentada, em qualquer caso, de um sexto até a metade.

Crime continuado

É uma figura imaginária criada para evitar pena excessiva no caso de dois ou mais crimes seguidos. Para amenizar a situação do acusado que praticou dois ou mais crimes da mesma espécie, dentro de circunstâncias semelhantes de tempo, lugar e modo de execução, presume-se uma ligação entre os vários crimes, para permitir a aplicação de uma pena só, se idênticas, ou a mais grave, se diversas, aumentada, em qualquer caso, de um sexto a dois terços.

SUSPENSÃO CONDICIONAL DA PENA OU *SURSIS*

A suspensão condicional da pena é um instituto que tem por fim evitar que o condenado a uma pena de curta duração e que não tenha personalidade tendente à criminalidade seja recolhido a estabelecimento penitenciário. Trata-se de direito público subjetivo do sentenciado.

Requisitos

a) a pena privativa de liberdade não pode ser superior a dois anos;

b) o condenado não pode ser reincidente em crime doloso;

c) a culpabilidade, os antecedentes, a conduta social e a personalidade do agente, bem como os motivos e as circunstâncias do crime, devem autorizar a concessão do benefício;

d) não pode ser cabível a substituição da pena privativa de liberdade por pena restritiva de direitos (art. 44).

A condenação anterior à pena de multa não impede a concessão do *sursis* (art. 77, § 1º). A suspensão será fixada pelo juiz, por um período de dois a quatro anos, denominado período de prova.

Espécies

a) ***Sursis* etário:** se o favorecido for maior de 70 anos, terá direito ao benefício quando a pena privativa de liberdade não ultrapassar quatro anos.

b) ***Sursis* humanitário:** é aquele a que o condenado, por razões de saúde, independentemente de sua idade, tem direito, desde que a pena não exceda a quatro anos. Deve ser aplicado a casos de doentes terminais.

Nessas duas espécies de *sursis* o período de prova será de quatro a seis anos.

Durante o período de prova, o condenado fica sujeito às condições legais previstas no art. 78, § 1º, que são obrigatórias. O beneficiário pode, também, ficar sujeito às condições judiciais: proibição de frequentar determinados lugares; proibição de ausentar-se da comarca onde reside, sem autorização do juiz; comparecimento pessoal e obrigatório a juízo, mensalmente, para informar e justificar suas atividades.

Caso o beneficiário não cumpra as condições estabelecidas, o juiz poderá revogar o benefício ou prorrogar o período de prova.

LIVRAMENTO CONDICIONAL

Trata-se da antecipação provisória da liberdade concedida, sob certas condições, ao condenado que está cumprindo pena privativa de liberdade. Ocorre depois de parte da pena já ter sido cumprida. Seu tempo de duração corresponde ao restante da pena que estava sendo executada. É direito subjetivo do sentenciado.

Requisitos

a) condenação a pena privativa de liberdade igual ou superior a dois anos;

b) cumprimento da pena: se não for reincidente em crime doloso e tiver bons antecedentes, deverá ter cumprido mais de um terço da pena; se reincidente em crime doloso, deverá ter sido cumprida mais da metade da pena; nos casos de condenação por crime hediondo, prática de tortura, tráfico ilícito de entorpecentes e drogas afins e terrorismo, se o apenado não for reincidente específico em crimes dessa natureza, cumprimento de mais de dois terços da pena;

c) comportamento satisfatório durante a execução da pena, não cometimento de falta grave nos últimos 12 meses, bom desempenho no trabalho e aptidão para prover a própria subsistência mediante trabalho honesto (Lei 13.964/19);

d) reparação do dano causado pela infração, salvo efetiva impossibilidade de fazê-lo.

REABILITAÇÃO

Benefício que tem por finalidade restituir o condenado à situação anterior à condenação, retirando as anotações de seu boletim de antecedentes.

Trata-se de causa suspensiva de alguns efeitos secundários da condenação e dos registros criminais, desde que ocorra o decurso de dois anos da extinção da pena ou da audiência admonitória, no caso de *sursis* ou livramento condicional.

CLASSIFICAÇÃO DOS CRIMES

- **Crime comum** – Pode ser praticado por qualquer pessoa.
- **Crime próprio** – Exige do agente determinada qualidade, como a de mãe no infanticídio ou a de funcionário público no peculato.
- **Crime de mão própria** – É praticado pessoalmente pelo agente (ex.: crime de falso testemunho e reingresso de estrangeiro expulso – art. 338, CP). Não admite coautoria, apenas participação.
- **Crime de dano** – Apresenta um dano efetivo como resultado da ação (ex.: crimes de furto ou homicídio).
- **Crime de perigo** – Apresenta um perigo como resultado. Divide-se em:
  a) **de perigo concreto:** o perigo deve ser demonstrado e provado (ex.: perigo de contágio venéreo);
  b) **de perigo abstrato:** o perigo não precisa ser demonstrado e provado, por ser presumido pela lei (ex.: omissão de notificação de doença).
- **Crime instantâneo** – O resultado fica logo definido e encerrado, a partir de certo instante.
- **Crime permanente** – A consumação, embora já realizada, continua acontecendo, renovando-se e prolongando-se no tempo.
- **Crime instantâneo de efeito permanente** – Consuma-se um dado instante, mas seus efeitos se perpetuam no tempo (ex.: homicídio).
- **Crime habitual** – Exige habitualidade, com a reiteração seguida da conduta (ex.: crime de exercício ilegal da medicina, crime de casa de prostituição).
- **Crime de ação múltipla** – Refere-se aos tipos alternativos ou mistos, em que se descrevem duas ou mais condutas, perfazendo-se o crime com a realização de qualquer delas. O crime será um só, embora praticadas duas ou mais ações (ex.: induzimento, instigação ou auxílio ao suicídio).
- **Crime falho** – Corresponde à tentativa perfeita, em que o agente pratica todos os atos necessários para o resultado, mas este acaba não ocorrendo.
- **Crime plurissubjetivo** – Implica o concurso de agentes (ex.: crime de rixa – luta entre três ou mais pessoas; crime de quadrilha ou bando, que só se perfaz com a associação de mais de três pessoas, reunidas para o fim de cometer crimes).
- **Crime progressivo** – É aquele cujas etapas anteriores também constituem crime (ex.: caso de homicídio com relação às lesões corporais, que são por este absorvidas).
- **Crime exaurido** – É aquele que já está consumado nos termos da lei, embora com desdobramentos posteriores, mas que não mais alteram o fato típico (ex.: a obtenção de resgate é apenas o exaurimento do crime de extorsão mediante sequestro).
- **Crime complexo** – Contém em si duas ou mais figuras penais (ex.: o crime de roubo é composto pelo furto mais ameaça ou violência à pessoa).
- **Crime vago** – É aquele em que o sujeito passivo é uma coletividade sem personalidade jurídica, como a família, o público ou a sociedade (ex.: ato obsceno).
- **Crime unissubsistente** – Costuma realizar-se com um só ato; não admite tentativa (ex.: injúria verbal).
- **Crime plurissubsistente** – Costuma realizar-se por vários atos (ex.: crime de redução à condição análoga à de escravo).
- **Crime doloso** – É aquele em que o agente tem a intenção de produzir o resultado criminoso ou assume o risco de produzi-lo.
- **Crime culposo** – É praticado pelo agente por negligência, imprudência ou imperícia. O agente não tinha a intenção de produzir o resultado, mas este era previsível.
- **Crime preterintencional (ou preterdoloso)** – É aquele em que há dolo no antecedente e culpa no consequente (ex.: "A" dá um soco em "B" com a intenção de causar-lhe lesões corporais; "B", no entanto, cai e bate a cabeça, vindo a falecer. O agente será punido pela conduta dolosa – lesão – e pelo resultado a título de culpa – morte; lesão corporal seguida de morte).
- **Crime comissivo** – Consiste em uma ação. A lei descreve um comportamento positivo, não uma proibição (ex.: matar ou ferir alguém, furtar algo).
- **Crime omissivo próprio** – É praticado mediante o "não fazer" o que a lei manda (comportamento negativo), sem dependência de qualquer resultado (ex.: omissão de socorro).
- **Crime comissivo por omissão** – É aquele em que o agente, por deixar de fazer o que estava obrigado, produz o resultado. Não se pune o comportamento físico negativo, mas, sim, a omissão ilegal (ex.: o enfermeiro que não administra ao paciente o remédio prescrito, dando causa a sua morte).
- **Crime material** – É aquele em que a lei descreve a conduta do agente e o crime se consuma com o resultado e, se o resultado não ocorrer, será punida sua tentativa (ex.: no homicídio, a ação é matar e o resultado, a morte; se a morte não ocorrer, o agente será punido por tentativa de homicídio).
- **Crime formal** – Consuma-se antecipadamente, sem dependência de ocorrer ou não o resultado desejado pelo agente. O resultado é mero exaurimento do direito (ex.: a calúnia, que se consuma com sua simples comunicação a outra pessoa, independentemente de a reputação do ofendido ficar ou não abalada).
- **Crime de mera conduta** – É aquele em que a lei só descreve a conduta do agente, não aludindo a qualquer resultado (ex.: desobediência, violação de domicílio).
- **Crime de flagrante provocado** – Ocorre quando o agente é levado à ação por instigação de alguém que, ao mesmo tempo, toma todas as medidas para evitar a consumação do delito, com a prisão em flagrante do agente. Trata-se de crime impossível.
- **Crime simples** – É a forma básica do delito (ex.: homicídio simples).
- **Crime qualificado** – É aquele em que a lei acrescenta alguma circunstância ao tipo básico, para agravar a pena (ex.: homicídio qualificado). Sua qualificação encontra-se na parte especial do CP.
- **Crime privilegiado** – É aquele em que o acréscimo ao tipo básico serve para diminuir a pena (ex.: homicídio privilegiado). Sua qualificação encontra-se na parte especial do CP.
- **Crime funcional** – É praticado por funcionário público, desde que o fato tenha relação com suas funções.
- **Crime plurilocal** – É aquele em que a conduta se dá em um local e o resultado em outro, mas dentro do mesmo país. Aplica-se a teoria do resultado, e o foro competente é o do local da consumação.
- **Crime internacional ou mundial** – É aquele que, por tratado ou convenção, o Brasil obrigou-se a reprimir (ex.: tráfico de mulheres – art. 231).
- **Crime remetido** – Ocorre quando sua definição se reporta a outros crimes, que passam a integrá-lo (ex.: art. 304 – "Fazer uso de qualquer dos papéis falsificados ou alterados, a que se referem os arts. 297 a 302").

Inexistência de casa de albergado na comarca – Na ausência de casa de albergado, a jurisprudência é dividida, porém, por analogia ao artigo 117 da LEP, aplica-se a prisão-albergue, pois o condenado não pode ser punido pela ineficiência do Estado.

Progressão e regressão

A progressão se dá com a transferência para regime menos rigoroso, após o cumprimento de um sexto da pena no regime anterior e se o comportamento do condenado indicar a progressão (art. 112, LEP). Conforme o § 4º do artigo 33 do CP: "O condenado por crime contra a administração pública terá a progressão de regime do cumprimento da pena condicionada à reparação do dano que causou, ou à devolução do produto do ilícito praticado, com os acréscimos legais".

Com o advento da Lei 11.464/07, que alterou o artigo 2º da Lei dos Crimes Hediondos (Lei 8.072/90), agora é cabível a progressão de regimes aos condenados por crimes hediondos e equiparados, após o cumprimento de 2/5 da pena, se o apenado for primário, e de 3/5, se reincidente (art. 112, LEP).

Na regressão, o condenado é transferido para regime mais rigoroso quando "praticar fato definido como crime doloso ou falta grave" ou "sofrer condenação por crime anterior, cuja pena, somada ao restante de pena em execução, torne incabível o regime" (art. 118, LEP).

Regime Disciplinar Diferenciado – A prática de fato previsto como crime doloso constitui falta grave (art. 53, LEP) e, quando ocasionar subversão da ordem ou disciplinas internas, além da sanção penal correspondente, será passível de Regime Disciplinar Diferenciado (RDD). A punição é cabível tanto ao preso provisório quanto ao condenado.

Características do RDD

a) duração máxima de 360 dias, sem prejuízo de repetição da sanção por nova falta grave da mesma espécie;
b) recolhimento em cela individual;
c) visitas semanais de duas pessoas, sem contar as crianças, com duração de duas horas;
d) direito a saída da cela por duas horas diárias para banho de sol.

O RDD poderá abrigar presos provisórios ou condenados, nacionais ou estrangeiros, que apresentem alto risco para a ordem e a segurança do estabelecimento penal ou da sociedade, assim como presos suspeitos de envolvimento em organizações criminosas, quadrilha ou bando.

Trabalho do preso

O condenado à pena privativa de liberdade está obrigado ao trabalho na medida de suas aptidões e capacidade (art. 31, LEP), sendo também um direito do preso a atribuição de trabalho e sua remuneração. O preso provisório não está obrigado ao trabalho.

Remição

Com o advento da Lei 12.433/11, o condenado que cumpre pena em regime fechado ou semiaberto poderá remir, por trabalho ou por estudo, parte do tempo de execução da pena.

1. Um dia de pena a cada três dias de trabalho, e
2. um dia da pena para cada 12 horas de frequência escolar (nos ensinos fundamental, médio, profissionalizante, superior ou de requalificação superior). Essas 12 horas devem ser divididas, no mínimo, em três dias. É preciso combinar três dias (no mínimo) com 12 horas para se ganhar um dia de pena.

A mudança na lei permite que as atividades de estudo sejam desenvolvidas de forma presencial ou a distância, desde que certificadas pelas autoridades dos cursos frequentados. A nova lei ainda acrescenta mais cinco parágrafos ao artigo 126 da LEP, especificando a matéria (que tipo de estudo será aceito, como deverão ser compatibilizados estudo e trabalho, ampliação do benefício no caso de conclusão de ensino, etc.) bem como inovando em algumas disposições.

O § 6.º do artigo 126 dispõe que o condenado que cumpre pena em regime aberto ou semiaberto e o que usufrui de liberdade condicional poderão remir, pela frequência ao curso de ensino regular ou de educação profissional, parte do tempo de execução da pena ou do período de prova, observado o disposto no inciso I do § 1.º deste artigo. Antes, não havia disposição sobre a possibilidade de o condenado a cumprimento de pena em regime aberto ou que estivesse em livramento condicional ser beneficiado. Cabível também nas prisões cautelares.

"Não há isenção de pena quando o erro deriva de culpa e o fato é punível como crime culposo" (art. 20, § 1º).

Erro determinado por terceiro

"Responde pelo crime o terceiro que determina o erro" (art. 20, § 2º).

Erro sobre a pessoa (*aberratio personae*)

"O erro quanto à pessoa contra a qual o crime é praticado não isenta de pena. Não se consideram, neste caso, as condições ou qualidades da vítima, senão as da pessoa contra quem o agente queria praticar o crime" (art. 20, § 3º). Ocorre quando, por exemplo, o agente mata "B" pensando tratar-se de "A", fato que não altera a figura típica do homicídio.

Erro sobre a ilicitude do fato

"Art. 21 – O desconhecimento da lei é inescusável. O erro sobre a ilicitude do fato, se inevitável, isenta de pena; se evitável, poderá diminuí-la de um sexto a um terço.

Parágrafo único *– Considera-se evitável o erro se o agente atua ou se omite sem a consciência da ilicitude do fato, quando lhe era possível, nas circunstâncias, ter ou atingir essa consciência."*

Aberratio ictus

Erro que ocorre na execução material do crime, como quando, por inabilidade ou acidente, o agente acaba atingindo pessoa diversa da que procurava atingir. Se esta, além de outra pessoa, também é atingida, aplica-se a regra do concurso formal (art. 73).

Aberratio delicti

Erro que leva à lesão de um bem ou interesse diverso daquele que o agente procurava atingir. O agente, por exemplo, quer quebrar a vitrine de uma loja com uma pedrada, mas atinge também o balconista. Pelo resultado não desejado, o agente responde por culpa, se o fato for previsto como crime culposo. Se ocorrer, também, o resultado pretendido, aplica-se a regra do concurso formal (art. 74).

EXCLUDENTES DE ILICITUDE

Além de típico, para ser considerado crime, o fato deve também ser antijurídico.

O art. 23 do CP dispõe que não há crime quando o agente pratica o fato nos seguintes casos:

a) **Estado de necessidade:** o agente pratica o fato para salvar de **perigo atual**, que não provocou por sua vontade, nem podia de outro modo evitar, direito próprio ou alheio, cujo sacrifício, nas circunstâncias, não era razoável exigir-se.
b) **Legítima defesa:** quem, usando moderadamente dos meios necessários, repele injusta agressão, **atual ou iminente**, a direito seu ou de outrem. Considera-se também em legítima defesa o agente de segurança pública que repele agressão ou risco de agressão a vítima mantida refém durante a prática de crimes – Lei 13.964/19. Contra pessoas ou coisas, caracteriza estado de necessidade.
c) **Estrito cumprimento do dever legal:** consiste a excludente na existência de dever, proveniente de lei, a obrigar o agente a determinada conduta típica. Enquadra-se a atividade do policial, ao executar mandado de prisão.
d) **Exercício regular de direito:** ocorre quando o agente age dentro dos limites autorizadores pelo ordenamento jurídico (ex.: lesão corporal decorrente de violências desportivas).

CULPABILIDADE

Conforme a teoria finalista da ação, a culpabilidade não é elemento do crime. É a possibilidade de declarar culpado o autor de um fato típico e ilícito, é um pressuposto para imposição da pena.

Integram a culpabilidade a imputabilidade, a potencial consciência da ilicitude e a exigibilidade de conduta diversa. Na falta de qualquer um desses elementos, o fato não deixa de ser típico, mas passa a ser inculpado o agente, merecendo sentença absolutória.

IMPUTABILIDADE PENAL

É a capacidade de entender o caráter ilícito do fato e determinar-se de acordo com esse entendimento. Em regra, todo agente é imputável, a não ser que ocorra causa excludente de imputabilidade.

Causas excludentes de imputabilidade

Doença mental – É a perturbação mental de qualquer ordem, como psicose, esquizofrenia, loucura, paranoia, psicopatia, epilepsia. Dependência patológica de substância psicotrópica configura doença mental e pode levar à interdição civil.

Desenvolvimento mental incompleto – É o desenvolvimento que ainda não se concluiu (ex.: menores de 18 anos e silvícolas inadaptados à sociedade).

Desenvolvimento mental retardado – É o caso de oligofrênicos, classificados em: débeis mentais; imbecis e idiotas; dotados de reduzidíssima capacidade mental; surdos-mudos que não têm qualquer capacidade de entendimento e de autodeterminação.

Embriaguez – É a intoxicação aguda e transitória causada pelo álcool ou substância de efeitos análogos, cujas consequências variam de ligeira excitação até o estado de paralisia e coma.

a) **Embriaguez acidental:** é a decorrente de caso fortuito ou força maior. Quando completa, exclui a imputabilidade; se incompleta, não a exclui, mas permite a diminuição da pena de um terço a dois terços.
b) **Embriaguez patológica:** é causa excludente de imputabilidade porque se equipara à doença mental.

POTENCIAL CONHECIMENTO DA ILICITUDE

Trata-se do elemento intelectual da culpabilidade, ou seja, da possibilidade de o agente conhecer o caráter ilícito da conduta. Para que se opere a exclusão, não basta que o agente ignore formalmente a lei, mas, sim, que não saiba e não possa saber que seu comportamento contraria o ordenamento jurídico. O erro de proibição afasta o potencial conhecimento da ilicitude. Se inevitável, exclui a culpabilidade, isentando de pena o réu. Será evitável o erro quando se verificar ser possível ao agente, diante das circunstâncias, atingir a consciência da ilicitude do fato. Nesse caso, haverá responsabilização penal, mas a pena será diminuída de um sexto a um terço.

EXIGIBILIDADE DE CONDUTA DIVERSA

A exigibilidade de conduta diversa, como causa de exclusão da culpabilidade, funda-se no princípio de que só podem ser punidas as condutas que poderiam ser evitadas.

No caso, a inevitabilidade não tem a força de excluir a vontade, que subsiste como força propulsora da conduta, mas certamente a vicia de modo a tornar incabível qualquer censura ao agente.

A exigibilidade de conduta diversa pode ser excluída por duas causas:

1. **Coação** – É o constrangimento a alguém para que faça ou deixe de fazer alguma coisa.
   Pode ser:
   a) **física:** exclui a conduta; o fato passa a ser atípico – não há que se falar em crime;
   b) **moral** (emprego de grave ameaça): pode ser **irresistível** – há crime, pois fica um resquício de vontade, mas o agente não será culpável – ou **resistível** – há crime e o agente é culpável, mas tem direito a uma atenuante genérica.
2. **Obediência hierárquica** – Ordem de superior hierárquico é a manifestação de vontade do titular de uma função pública a um funcionário que lhe é subordinado. A obediência hierárquica refere-se a subordinação de cunho administrativo, não alcançando as de outro tipo (empregatícia, familiar, religiosa).
   Pode ser:
   a) **ilegal:** se o subordinado sabe que a ordem é ilegal, deve responder pelo crime praticado. Se a ordem não é manifestamente ilegal, o subordinado não tem como conhecer a ilegalidade, exclui-se a exigibilidade de conduta diversa e ele fica isento de pena. No entanto, se a ordem é manifestamente ilegal e o subordinado a supõe legal, incorre em erro de proibição evitável, tendo direito a diminuição de pena (art. 21);
   b) **legal:** se o subordinado cumpre ordem legal, está no estrito cumprimento do dever legal. Não pratica crime, uma vez que está acobertado por causa de exclusão da ilicitude.

> *"Art. 22 – Se o fato é cometido sob coação irresistível ou em estrita obediência a ordem, não manifestamente ilegal, de superior hierárquico, só é punível o autor da coação ou da ordem."*

CONCURSO DE PESSOAS

Há concurso de pessoas quando dois ou mais indivíduos concorrem para a prática de um mesmo crime (art. 29).

Esse crime pode ser:

a) **monossubjetivo:** pode ser cometido por um ou mais agentes (neste último caso, é denominado **crime de concurso eventual**);
b) **plurissubjetivo ou de concurso necessário:** só pode ser praticado por uma pluralidade de agentes (ex.: quadrilha ou bando).

Autoria

Autor – É aquele que realiza a conduta descrita no tipo. De acordo com esse entendimento, o mandante de um crime não pode ser considerado seu autor, uma vez que não lhe competiram os atos de execução.

Coautoria – Todos os agentes, em colaboração recíproca e visando ao mesmo fim, realizam a conduta principal.

Participação – Os partícipes apenas concorreram para que o autor ou os coautores realizassem a conduta principal.

> **Autor mediato** – É aquele que se serve de outra pessoa, sem condições de discernimento, para realizar, por ele, a conduta típica. A pessoa é usada como instrumento de atuação, como se fosse uma arma ou um animal irracional. O executor atua sem vontade ou sem consciência e, por essa razão, considera-se que a conduta principal foi realizada pelo autor mediato.
> **Autor intelectual** – É aquele que concorre para o crime sem realizar o núcleo do tipo. Atua como mero partícipe. É que o executor (o que recebeu a ordem ou promessa de recompensa) sabe perfeitamente o que está fazendo, não podendo dizer que foi utilizado como instrumento de atuação.

Natureza jurídica

O CP (art. 29) adotou a teoria unitária ou monista: todos aqueles que deram sua contribuição para o resultado típico devem por ele responder. Embora todos os coautores e partícipes devam responder pelo mesmo crime, excepcionalmente, com o fito de evitar-se a responsabilidade objetiva, o legislador determina a imputação por outro crime, quando o agente quis participar de infração menos grave (art. 29, § 2º). Trata-se de uma exceção pluralística no concurso de agentes

SANÇÃO PENAL

A sanção penal comporta duas espécies: **pena e medida de segurança**. A pena tem um aspecto de retribuição ou de castigo pelo mal praticado, assim como um aspecto de prevenção. A "prevenção geral" visa ao desestímulo de todos da prática de crime. A "prevenção especial" dirige-se à recuperação do condenado, procurando fazer com que não volte a delinquir.

Segundo o art. 5º, inciso XLVII, da CF, não haverá penas de morte (salvo em caso de guerra declarada), de caráter perpétuo, de trabalhos forçados, de banimento ou cruéis.

ESPÉCIES DE PENA

1. Penas privativas de liberdade

Compreendem:

a) **Reclusão:** para crimes dolosos, é cumprida em regime fechado, semiaberto ou aberto.
b) **Detenção:** para crimes dolosos ou culposos, é cumprida só nos regimes semiaberto ou aberto, salvo posterior transferência para regime fechado, por incidência da execução.
c) **Prisão simples:** para as contravenções penais.

> O tempo de cumprimento das penas privativas de liberdade não pode ser superior a 40 anos (art. 75), se a soma de várias condenações for superior devem ser unificadas (§ 1º) – Lei 13.964/19.

Regimes penitenciários

a) **Fechado:** para pena igual ou superior a oito anos. Deve ser cumprido em estabelecimento de segurança máxima – penitenciárias (art. 87, LEP).
b) **Semiaberto:** para pena superior a quatro anos e inferior a oito anos. Deve ser cumprido em colônias agrícolas, industriais ou similares (art. 91, LEP).
c) **Aberto:** para pena igual ou inferior a quatro anos. Deve ser cumprido em casa de albergado à noite e nos dias de folga (art. 93, LEP).

Prisão-albergue domiciliar – Somente se admite o recolhimento do beneficiário do regime aberto em residência particular quando se tratar de condenado maior de 70 anos acometido de doença grave e de condenada gestante com filho menor ou deficiente físico ou mental (art. 117, LEP).

Ação Penal

Ação penal pública

É promovida pelo Ministério Público, com o oferecimento da **denúncia**, que é a petição inicial desta ação penal. Pode ser: **a) incondicionada:** quando seu exercício não depende de manifestação de vontade de quem quer que seja. A lei não leva em conta a vontade da vítima em propor ou não a ação – art. 24, CPP (ex.: homicídio, aborto, furto, roubo); **b) condicionada:** quando a propositura da ação penal depende de uma manifestação de vontade. Esta se cristaliza em um ato que se chama representação do ofendido ou requisição do ministro da Justiça (ex.: crimes contra a dignidade sexual).

Ação penal privada

É promovida pelo particular. Sua peça inicial é a **queixa-crime** oferecida pelo ofendido ou seu representante legal, por meio de seu advogado. Pode ser: **a) propriamente dita:** só pode ser exercida pela vítima, por quem legalmente a represente e, no caso de morte, por qualquer uma das pessoas citadas no artigo 31 do CPP; **b) subsidiária da pública:** é promovida por meio de queixa, quando houver inércia do promotor de Justiça em oferecer a denúncia (art. 29, CPP); **c) personalíssima:** cabe apenas ao ofendido, não se transmite para os sucessores.

Exemplo: crime de induzimento a erro essencial e ocultação de impedimento (art. 236); com a morte da vítima, extingue-se a punibilidade do agente.

Extinção da Punibilidade

Extinção se refere a fatos ou atos que impedem o Estado de punir. Punibilidade é a possibilidade de o Estado, diante de violação da lei penal, impor a sanção.

As causas de extinção da punibilidade extinguem a pena aplicável. São exteriores ao crime e também, em regra, posteriores a ele. Estão elencadas tanto na parte geral do CP (art. 107) como em disposições esparsas na parte especial.

Morte do agente

O juiz, à vista da certidão de óbito do agente, ouvido o MP, declarará extinta a punibilidade. Essa causa extintiva pode ocorrer em qualquer momento da persecução penal, desde a instauração do inquérito policial até o término da execução da pena. Trata-se de causa personalíssima que não se comunica aos coautores.

Anistia, graça e indulto

São formas de dispensa de aplicação da lei penal – espécies de indulgência, clemência. Trata-se de renúncia do Estado ao direito de punir.

Anistia – É o esquecimento de certas infrações penais. Exclui o crime, apagando a infração penal. É concedida por lei, abrangendo fatos e não pessoas (art. 48, VIII, CF). Rescinde a condenação, ainda que transitada em julgado, e afasta a reincidência. Pode ser geral, restrita, condicionada ou incondicionada. Aplica-se, em regra, a crimes políticos. É exclusiva da União e privativa do Congresso Nacional, só podendo ser concedida por lei federal.

Graça – Extingue apenas a punibilidade, persistindo os efeitos do crime. O condenado que a recebe não retorna à condição de primário. Cabe ao presidente da República conceder a graça, que é em regra um benefício individual e deve ser solicitada.

Indulto – Exclui apenas a punibilidade e não o crime. Pressupõe condenação com trânsito em julgado. Compete ao presidente da República (art. 84, XII, CF), abrangendo grupo de sentenciados (é coletivo e espontâneo). Não afasta a reincidência, se já houver sentença com trânsito em julgado. Persistem os efeitos do crime.

A graça e o indulto podem ser dados na forma de comutação da pena, que é a substituição de uma pena por outra mais leve. Não cabem graça, anistia e indulto em crimes de tortura, terrorismo, tráfico de entorpecentes e drogas afins, bem como nos crimes definidos como hediondos (art. 5º, XLIII, CF).

Retroatividade da lei

A lei penal posterior que deixa de considerar a conduta como criminosa (*abolitio criminis*) retroage em favor do agente e extingue a punibilidade do fato, alcançando a própria pretensão punitiva (retroativa benéfica). Se o processo estiver em andamento, deve ser decretada pelo próprio juiz (art. 61, CPP). Se estiver em grau de recurso, será o próprio tribunal que concederá. Após o trânsito em julgado da sentença condenatória, será o juiz da vara de execuções (art. 66, II, LEP, e art. 13, LICPP).

Perdão judicial

Extingue a punibilidade, embora configurado o crime, nos casos permitidos em lei. O juiz deixa de proferir a condenação, perdoando o fato. O perdão judicial é direito do réu. Exclui o efeito da reincidência (art. 120) e não depende da aceitação do réu.

Renúncia e perdão

Renúncia ao direito de queixa – Ocorre antes de proposta a ação penal, podendo ser expressa por meio de declaração assinada ou de forma tácita. Nas ações penais públicas condicionadas, a representação deve ser feita até o oferecimento da denúncia (art. 25, CPP). A renúncia ao exercício do direito de queixa em relação a um dos autores do crime se estenderá a todos (art. 49, CPP).

Perdão do querelante – Ocorre depois de iniciada a ação penal. O querelante pode perdoar o querelado, desistindo da ação penal privada proposta, de modo expresso ou tácito. Se forem dois ou mais querelados, o perdão concedido a um deles aproveita a todos, em face do princípio da indivisibilidade da ação penal (art. 51, CPP), não produzindo efeito em relação ao que o recusou. O perdão é um ato bilateral, podendo ser recusado pelo querelado e dando prosseguimento à ação penal. Pode ser dado até o trânsito em julgado da sentença condenatória.

Retratação do agente

Em alguns casos, a pena pode ser afastada pela retratação do agente (art. 107, VI): calúnia ou difamação (art. 143); falso testemunho ou falsa perícia (art. 342, § 2º). A retratação deve ser clara e incondicional. Não depende de aceitação do ofendido. Deve ser reduzida a termo nos autos. Não se comunica aos coautores.

Decadência

É a perda do direito do ofendido de propor ação penal, por não tê-lo feito dentro do prazo estipulado em lei. Pode tanto atingir o direito de oferecer queixa-crime como o de representar ou o de suprir a omissão do Ministério Público. Fica extinta a punibilidade.

O prazo de decadência é fatal e improrrogável, não ficando sujeito a interrupções ou suspensões. Salvo disposição expressa em contrário, é de seis meses, contados do dia em que o ofendido ou seu representante legal veio a saber quem é o autor do crime (art. 103).

Perempção

É a perda do direito do querelante de prosseguir na ação penal privada, por inércia ou desinteresse de sua parte no prosseguimento da ação. Uma vez declarada em juízo, a perempção traz como consequência a extinção da punibilidade.

Prescrição

É a perda do direito do Estado de punir ou executar a pena pelo decurso de tempo. Extingue a punibilidade. Se a pena não é imposta ou executada dentro de determinado prazo, cessa o interesse da lei pela punição. A prescrição é de ordem pública, devendo ser decretada de ofício ou a requerimento do interessado.

Interrupção da prescrição – Artigo 117: I – recebimento da denúncia ou da queixa; II – pronúncia; III – decisão confirmatória da pronúncia; IV – pela publicação da sentença ou acórdão condenatórios recorríveis; V – início ou continuação da pena e VI – reincidência. Uma vez interrompida, a prescrição volta a correr novamente por inteiro, do dia da interrupção até chegar a seu termo final fixado em lei ou até que ocorra outra interrupção.

Causas impeditivas da prescrição – Artigo 116: I – enquanto não resolvida, em outro processo, questão de que dependa o reconhecimento da existência do crime; II – enquanto o agente cumpre pena no exterior; III – na pendência de embargos de declaração ou de recursos aos Tribunais Superiores, quando inadmissíveis; e IV – enquanto não cumprido ou não rescindido o acordo de não persecução penal. Lei 13.964, de 2019.

Espécies de prescrição

Prescrição da pretensão punitiva – Ocorre antes do trânsito em julgado da sentença e tem como consequência o desaparecimento da pena e dos efeitos da sentença proferida. Pode ser:

1. **Prescrição propriamente dita** (calculada pena máxima em abstrato): começa a correr da consumação do crime até o recebimento da denúncia ou da queixa ou a partir deste momento até a publicação da sentença. Agora, quando a pena máxima for inferior a um ano, a prescrição em abstrato acontecerá em três anos. Essa alteração também afetou a prescrição das sanções da lei de execução penal, que passou a ser de três anos.
2. **Prescrição superveniente ou intercorrente:** A publicação da sentença condenatória recorrível interrompe a prescrição, fazendo o prazo correr novamente por inteiro. O prazo que começa a correr após a publicação da sentença condenatória recorrível é o prazo da prescrição superveniente, que vai da publicação da sentença até o dia do trânsito em julgado definitivo ou do trânsito em julgado do recurso improvido da acusação. Consequência: apaga a pena e todos efeitos, principais ou secundários, da sentença condenatória. O prazo da prescrição, nesse caso, regula-se pela pena aplicada na sentença.
3. **Prescrição retroativa:** é aquela contada para trás, depois da sentença condenatória com trânsito em julgado para a acusação. Com a nova redação, tornou-se impossível computar qualquer tempo antes do recebimento da denúncia ou queixa. Agora, só pode acontecer entre o recebimento da denúncia ou queixa e a publicação da sentença. Portanto, essa prescrição foi "cortada pela metade".
4. **Prescrição virtual ou antecipada ou em perspectiva:** Esta prescrição só é admitida pela jurisprudência em primeira instância (Súmula 440 do STJ) e também foi cortada pela metade. Só é possível agora entre a data do recebimento da denúncia ou queixa e a publicação da sentença.
5. **Prescrição da pretensão executória:** Ocorre após o efetivo trânsito em julgado da sentença condenatória. Extingue a pena imposta, mas não afasta os efeitos secundários da sentença condenatória (como a incursão no rol dos culpados e a reincidência).

Termo inicial para a contagem da prescrição da pretensão punitiva – Artigo 111: I – Em regra, a data em que o delito se consumou; II – Nos casos de tentativa o dia em que cessou a atividade criminosa; III – Na hipótese de crime permanente no dia em que cessar a permanência; IV – Já nos crimes de bigamia e falsificação ou alteração de assentamento de registro civil (arts. 241 e 242), a partir da data em que o fato se tornou conhecido; V – nos crimes contra a dignidade sexual de crianças e adolescentes, o prazo prescricional começa a correr do dia em que a **vítima completar** 18 (dezoito) anos, salvo se a esse tempo já houver sido proposta ação penal.

Prescrição da pena de multa – Prescreve em dois anos quando a multa for a única cominada ou aplicada (art. 114, I), ou no mesmo prazo estabelecido para prescrição da pena privativa de liberdade quando a multa for alternativa ou cumulativamente aplicada (art. 114, II).

Redução dos prazos prescricionais – Serão reduzidos pela metade os prazos prescricionais quando o agente for menor de 21 anos na data da infração ou maior de 70 anos na época da sentença (art. 115).

BF&A
Barros, Fischer & Associados
Editor: Flávio Barros Pinto

Resumão Jurídico
DIREITO PENAL PARTE GERAL
2.ª EDIÇÃO 9.ª TIRAGEM – MARÇO 2022

Autora: Fernanda Maria Zichia Escobar, advogada, pós-graduada em Direito Penal, Processo Penal, Direito Digital e Ead; mestra em Direitos Difusos e Coletivos; professora universitária; professora em cursos preparatórios para o exame da OAB e concursos públicos. Sócia do Escritório Escobar Advogados na cidade de Araras (SP).

Edição: Andréa Barros
Arte: Cláudio Scalzite e Flávia Barros
Revisão: Paulo Roberto Pompêo

Resumão Jurídico – Direito Penal – Parte geral é uma publicação da Barros, Fischer & Associados Ltda., sob licença da autora.

Importante: acompanhe eventuais atualizações legislativas sobre Direito Penal – Parte Geral no site **www.resumao.com.br**

Endereço: Rua Ulpiano, 86, Lapa, São Paulo, CEP 05050-020
Telefone/fax: 0 (xx) 11 3675-0508

Site: **www.resumao.com.br** E-mail: **contato@resumao.com.br**

Distribuição e vendas: Bafisa, tel.: 0 (xx) 11 3675-0508
Impressão: Eskenazi Indústria Gráfica Ltda.

ISBN 978-857711162-6
9 788577 111626